ÉGLISE NOTRE-DAME DES CHAMPS

A PARIS

LES FÊTES DU TRIDUUM

EN L'HONNEUR DU

Bienheureux Pierre-Louis-Marie CHANEL

les 20, 21 et 22 Mai 1890

PARIS-AUTEUIL

IMPRIMERIE DES APPRENTIS-ORPHELINS — ROUSSEL

40, rue La Fontaine, 40

—

1890

ÉGLISE NOTRE-DAME DES CHAMPS

A PARIS

LES FÊTES DU TRIDUUM

EN L'HONNEUR DU

Bienheureux Pierre-Louis-Marie CHANEL

les 20, 21 et 22 Mai 1890

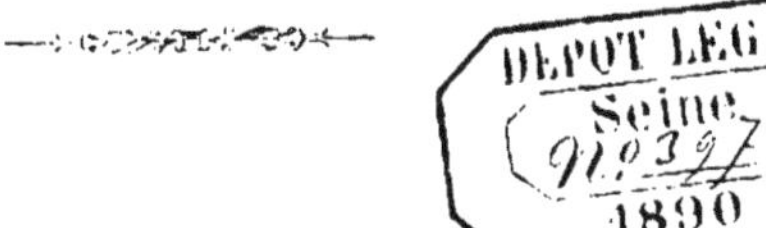

PARIS-AUTEUIL
IMPRIMERIE DES APPRENTIS-ORPHELINS — ROUSSEL
40, rue La Fontaine, 40

1890

LE TRIDUUM

EN L'HONNEUR DU

Bienheureux Pierre-Louis-Marie CHANEL

A PARIS

Ecce quomodo computati sunt inter filio Dei, et inter sanctos sors illorum est.

C'est ainsi qu'ils ont été comptés parmi les enfants de Dieu, et leur place est parmi les Saints (Sagesse XV, 2).

Apres les splendeurs par lesquelles Lyon, la ville de Marie et la cité des martyrs, a honoré les Bienheureux Perboyre et Chanel, il semblait impossible d'ajouter à de tels honneurs et d'égaler de tels hommages. A Paris, où tant de spectacles religieux et profanes sollicitent la piété ou la curiosité, comment appeler l'attention et la fixer pendant trois jours sur un nouveau martyr inconnu jusqu'alors ? Mais Rome avait parlé ; le 17 novembre, le Souverain Pontife l'avait placé solennellement au rang des Bienheureux ; Paris avait une résidence, une maison provinciale de la Congrégation à laquelle le religieux avait appartenu. Enfin, quelques jours auparavant, Son Eminence le Cardinal Richard, Archevêque de Paris, faisait publier le beau panégyrique qu'il avait prononcé à Belley en l'honneur du B. Chanel. Bientôt l'opinion s'émut ; on voulut connaître ce missionnaire et cet apôtre ; on s'éprit d'admiration pour cette vie et ce martyre si grands dans leur simplicité, et tout se prépara pour la glorification prochaine de l'èlu de Dieu.

On peut dire que le succès a dépassé les espérances. Le triduum de Paris ne l'a cédé ni en édification ni en magnificence à celui de Lyon.

Il fallait d'abord choisir le lieu et arrêter la date des cérémonies. On hésita quelque temps, entre Notre-Dame des Victoires, le sanctuaire par excellence de Marie, et Notre-Dame des Champs, également dédiée à la Vierge, et de plus, église paroissiale des Pères maristes. L'initiative et les instances de M. de Cabanoux, déterminèrent le choix en faveur de son église. On décida de même que le triduum commencerait le mardi 20 mai et finirait le 22, octave de l'Ascension. Dès lors, pasteur, vicaires, religieux, artistes, décorateurs se concertèrent pour donner le plus grand éclat au triomphe du Bienheureux Martyr.

Grâce au talent de M. Jumeau qui a déja maintes fois fait ses preuves dans des circonstances pareilles, le lundi soir, veille de l'ouverture, tout fut prêt; la décoration de l'Eglise était, avec quelques variantes, celle qu'on avait admirée naguère à la métropole de Lyon : mêmes artistes, même talent, même goût exquis. Du maître-autel jusqu'au portail d'entrée, les piliers de la grande nef étaient revêtus de bannières de velours qui alternaient avec des écussons aux couleurs éclatantes : les bannières étaient ornées de sentences tirées de la Bible ou de la bulle de Béatification; les écussons contenaient, autour des initiales entrelacées du Bienheureux les dates marquantes de sa vie : naissance, sacerdoce, profession religieuse, apostolat à Futuna, martyre, béatification... (1) Sous

(1) Voici ces inscriptions et ces dates, en partant du chœur jusqu'au portail d'entrée

A droite :

1re bannière : *Regina martyrum, ora pro nobis — Martyres Domini, Dominum benedicite in æternum.*

1er Ecusson *Natus* XII jul. MDCCCIII

2e bannière : *Dominus regnavit, exultet terra, lætentur insulæ multæ,*

2e Ecusson : *Sacerdos*, XV jul. MDCCCXXVII

3e bannière : *Ejus vita in exemplum — Mors in christiani nominis decus exstat.*

3e Ecusson : *Marista*, 1e oct. MDCCCXXXVI

4e bannière : *Insulam Futunæ mirum in modum — Vitæ sanctitate ac prædicatione illustravit.*

A gauche :

1re bannière : *Regina Apostolorum, ora pro nobis — Quam speciosi pedes evangelizantium pacem* !

1er Ecusson : *Futunæ Apostolus*, IX nov. MDCCCXXXVII

2e bannière : *Beatus Petrus Aloysius Maria. — Inclytus Oceaniæ protomartyr.*

2e Ecusson : *Martyr* XXVIII apr. MDCCCXLI

3e bannière : *Talem se à puero vitæ innocentiâ exhibuit — Qualem deinde exitus confirmavit.*

3e Ecusson : *Beatus*, XVII nov. MDCCCLXXXIX

4 bannière : *Divinæ gloriæ amantissimus, seraphicâ caritate flagrans — omnigenæ virtutis la exepmr.*

les arcades, de larges rideaux de damas, avec draperies aux gracieux contours, reliaient les colonnes et enveloppaient le temple comme d'un vêtement d'honneur. La pensée, suivant le regard, et contemplant l'Église transfigurée se rappelait l'image d'Isaïe : « Belle comme une épouse parée pour son époux. »

Mais c'est dans le chœur surtout qu'on avait déployé une magnificence sans égale. Au premier plan, l'autel et les gradins étaient couverts de vases et de candélabres, et la Vierge-mère avec l'enfant Jésus entre ses mains trônait au sommet de cette colline lumineuse et fleurie. Puis, au second plan, à droite et à gauche, et de la voûte au sol, descendaient d'immenses tentures de pourpre frangées d'or formant un vaste rideau, au centre duquel, comme dans un cadre majestueux, rayonnait l'image du Martyr. Cette splendide apothéose dessinée sur le modèle du tableau romain, représente le Bienheureux au moment où, déja loin de la terre abreuvée de son sang, il s'élève dans la gloire. Deux anges lui font cortège, et présentent la hache et le casse-tête, instruments de son martyre ; deux autres, au dessus de sa tête, tiennent suspendues la palme et la couronne réservées au triomphateur. Ce tableau merveilleux, sous les feux de l'autel et les projections de la lumière électrique, nous apparaîtra chaque soir comme une vision du ciel.

Le lundi soir, 19 mai, les cloches à toute volée annonçaient pour le lendemain l'ouverture du triduum, et le lendemain de grand matin elles répétaient leur joyeux carillon.

Le programme indiquait, pour la première cérémonie, une messe basse à 8 heures; mais, dès 5 heures et demie, l'église était à peine ouverte que les directeurs et les élèves du séminaire de la Mission y faisaient leur entrée. La famille de Saint-Vincent de Paul, comme la famille de Marie, a toujours associé dans ses hommages les Bienheureux Perboyre et Chanel, et elle a voulu la première recueillir les grâces que le ciel allait répandre par l'intercession de notre Martyr. M. Fiat, supérieur général des Lazaristes, célébra le saint Sacrifice. Tous ses novices s'approchèrent de la sainte Table, puis, la messe finie, les uns et les autres revinrent pieusement à l'autel pour la vénération des Reliques.

Le cérémonial de chaque jour indiquait une messe basse à huit heures, avec allocution, une grand'messe à dix heures avec instruction, le salut solennel à trois heures avec le panégyrique et enfin la journée se terminait à huit heures par l'exercice du mois de Marie, où le R. P. Philippe, de l'ordre des Capucins, devait continuer sa station commencée.

Les Prédicateurs et les Célébrants que les Pères maristes avaient invités à venir glorifier le B. Chanel s'y sont prêtés avec le plus généreux empressement. M. le Curé avait engagé, de son côté, toutes ses communautés et associations charitables à venir implorer sur elles et sur la paroisse la protection du Bienheureux : avec cela on était sûr que l'église, pendant ces solennités, ne resterait pas vide ; mais on était loin de prévoir quel concours elles devaient attirer, en dehors de ces groupes particuliers.

A huit heures, la messe a été célébrée par le R. P. Gay, Provincial des PP. maristes. L'allocution a été faite par M. le Curé. Il a pris pour texte ces paroles de saint Paul : « *Imitatores mei estote sicut et ego Christi*. Soyez mes imitateurs comme je suis l'imitateur de Jésus-Christ ». Pendant une demi-heure il a développé ce précepte de l'apôtre d'une manière aussi forte qu'attrayante.

Toute vie chrétienne, toute vie parfaite doit reproduire l'image de Jésus-Christ qui est la perfection, la sainteté par essence. Mais cette sainteté, cette perfection est si haute que peu d'âmes sont assez grandes pour la contempler de face et l'imiter directement. Or, les saints sont des images adoucies et comme tempérées des perfections de Jésus-Christ. Il nous est plus facile de nous approcher de ces copies que du divin original. Plus nous conformerons notre conduite et toute notre vie à celle des Saints, plus nous serons semblables à Jésus-Christ. Pendant trois jours, on présentera à votre vénération et plus encore à votre imitation un élu qui, sorti de la plus humble condition, s'est sanctifié par toutes les voies communes où il a passé, jusqu'à l'héroïsme d'une charité couronnée par le martyre. Il a donc bien le droit de vous dire comme saint Paul : « *Imitatores mei estote.* »

L'affluence de ce premier exercice faisait bien augurer des suivants. M. le curé et MM. les vicaires avaient confessé la veille bien avant dans la nuit. Outre ceux de Notre-Dame-des-Champs, bon nombre de fidèles des autres paroisses ont voulu, dès le premier jour, s'approcher de la Sainte Table pour gagner l'indulgence plénière du triduum. Aussi les communions ont-elles été nombreuses à toutes les messes qui ont été dites pendant ces trois jours.

L'assistance quittait à peine le parvis que les lignes interminables des élèves des écoles libres des Frères y faisaient leur entrée. D'autres communautés suivirent. Citons au hasard, ce jour-là ou les jours suivants : Pensionnat des Oiseaux ; Notre-Dame-de-Sion ; pensionnat des Dames de Saint-Maur, pensionnat de Sainte-Marie, de la rue Bara; orphelinat de Bon-Secours ; Saint Cœur de Marie ; Petites Sœurs des pauvres avec leurs vieillards, etc., etc ; et pour clore cette liste, le vendredi matin, le pensionnat des Frères maristes de Plaisance est venu entendre une messe célébrée en actions de grâces de la première communion qui avait eu lieu la veille.

Ce premier jour, la grand'messe devait être précédée de la translation des Reliques, vers neuf heures et demie.

M. le Curé, MM. les vicaires, d'autres prêtres et religieux, et les Petits Frères de Marie, se sont rendus à la sacristie où elles étaient déposées. Par une attention délicate, M. le Curé avait laissé aux Pères et aux Frères l'honneur de porter le précieux fardeau. La statue fut placée sur les épaules des Frères, et les Pères se chargèrent de la châsse qui contenait les ossements du martyr. La procession ainsi formée se déroula dans la nef latérale de gauche et remonta par la grande nef jusqu'aux trônes placés des deux côtés du chœur qui attendaient la châsse et la statue. Près de la châsse on plaça des reliquaires portatifs que la foule ininterrompue des fidèles n'a cessé de vénérer pendant les trois jours.

La grand'messe devait être célébrée pontificalement par Mgr. Duboin, évêque de Raphanée. Une indisposition l'ayant empêché de venir, il fut remplacé par M. Delpech, Supérieur du Séminaire des Missions Etrangères, et la messe en plain-chant fut chantée par les élèves du séminaire. Lorsque le père Chanel et ses compagnons se rendirent de Lyon au Hâvre, il y a cinquante-quatre ans, ils s'arrêtèrent trois jours à Paris, et reçurent au séminaire des missions la plus généreuse hospitalité. Ce fut entre les deux Congrégations le premier trait d'une union qu'un demi-siècle n'a pas altérée.

Le discours prononcé par le T. R. P. Emonet, supérieur général des PP. du Saint-Esprit et du Saint-Cœur de Marie, a eu l'étendue et l'importance d'un vrai panégyrique. Il avait pris pour exte ces paroles de l'Apocalypse : « *Ecce stella splendida et matutina.* » Il a montré le Bienheureux comme l'astre naissant de la jeune Société de Marie, Société d'Apôtres, venue à son heure, et si pleine d'espérance après avoir déjà donné de si beaux fruits. L'étoile qui a brillé à son aurore, après avoir répandu son pur et doux éclat sur notre cher pays, est allée éclairer et réchauffer les insulaires de Futuna. L'orateur s'est étendu longuement sur les souffrances et les privations du missionnaire : isolement, climat meurtrier, nourriture insalubre, férocité des insulaires ; il a donné des détails si saisissants qu'on sentait bien qu'il les racontait pour les avoir éprouvés par lui-même. L'émotion naissait de la simplicité même du récit, et, pendant une heure, il a tenu sans lassitude son auditoire sous le charme de sa parole.

Le R. P. Emonet a voulu donner aux PP. maristes, une marque de la sympathie religieuse de sa Congrégation. Ce sentiment, au reste, a été commun à tous les prêtres, religieux ou séculiers qui ont contribué par leur parole ou leur présence, à la splendeur de ces fêtes. La Société de Marie profondément touchée de ces témoignages d'estime et d'affection fraternelle est heureuse de leur exprimer à tous sa sincère et vive reconnaissance.

A trois heures, l'office solennel a été présidé par Mgr de Forges évêque de Ténarie, et le T. R. P. Le Doré, Supérieur Général des Eudistes a prononcé le panégyrique. On connaît la parole vive, convaincue, parfois impétueuse de l'orateur. Habitué à parler aux religieux, aux prêtres, aux fidèles, à de grandes assemblées comme aux plus humbles auditoires, ne lui demandez pas des discours confectionnés suivant toutes les règles de l'art. Sa seule règle, c'est d'arriver aux âmes, de les persuader, de les convertir. Toujours prêt à répondre à tout appel, il semble s'être dit comme saint Paul : « Malheur à moi si je n'évangélise ! » Avant de monter en chaire, il médite son sujet, trace dans son esprit ou sur le papier les grandes lignes, et se confiant à l'esprit de Dieu, il répand à flots la parole divine, et jette sans ménagements la vérité, parfois de rudes vérités, à ses auditeurs subjugués.

Nous disons ceci pour faire comprendre l'impossibilité où nous sommes de reproduire le magnifique discours que nous avons eu le bonheur d'entendre. Nous ne pouvons qu'en donner une idée très sommaire.

Le R. P. Le Doré s'est inspiré des premières paroles de l'oraison de la messe du martyr : *Deus qui Beatum Petrum Aloysium Mariam, Martyrem tuum, ad prædicandum Evangelium...decorasti.* Laissant à d'autres l'éloge des qualités énumérées dans le texte, il s'arrête à développer ces deux faits : la *prédication,* le *martyre.* —

« La prédication a pour but de disséminer le Verbe dans les âmes. Qu'est-ce que le Verbe ? C'est la parole de Dieu répandue parmi les hommes depuis l'origine du monde jusqu'à nous. Jamais elle n'a cessé de se faire entendre, chez les Juifs avant J.-C., comme après sa venue chez les Gentils. Le Verbe divin descendu sur la terre était lui-même cette parole qu'il a semée et que les Apôtres, les évêques, les prêtres, les missionnaires ses continuateurs, ont eu pour mission de porter jusqu'aux extrémités de la terre. Pierre Chanel a été un de ces apôtres missionnaires.

« Comment s'est-il préparé à cette vocation sublime ? par sa foi, sa charité, son zèle, et surtout par sa vie mortifiée et pénitente, dont un glorieux martyre a été le couronnement et la récompense. Dieu ne sauve les âmes qu'à ce prix ; il a fallu que la rédemption s'opérât par le sang. Qu'a fait N.-S. par sa prédication pendant sa vie mortelle ? Combien de disciples a-t-il gagnés pendant les trois ans de sa prédication ? combien y avait-il de fidèles autour de sa croix, sur le Calvaire ? Sa parole, par elle-même, n'a pas été au-delà d'une petite contrée et n'a gagné qu'un nombre d'amis extrêmement restreint ; mais voyez la vertu du sang répandu : *quand je serai élevé de la terre, j'attirerai tout à moi ;* vous savez comment cette prophétie s'est accomplie. Ainsi Pierre Chanel, pendant ses trois ans et demi d'apostolat, n'a réalisé qu'un bien en apparence insignifiant. Combien a-t-il fait de prosélytes ? combien a-t-il baptisé d'infidèles ? environ quarante, dont la plupart étaient des enfants en danger ou des malades au moment de la mort. Sur cette terre sauvage, comme dans le monde civilisé de la Grèce et de Rome, il fallait du sang, et le sang de l'Apôtre a été versé. Or, cette semence a été féconde, et le prix du sang a été la conversion totale de l'île qui, aujourd'hui par sa foi et sa ferveur, est un spectacle à Dieu, aux anges et aux hommes.

« Et nous qui nous croyons chrétiens, qui nous disons fidèles, combien parmi nous ne le sont que de nom ? où sont les vrais imitateurs de J.-C. et des Apôtres ? Hélas ! dans notre vieille Europe, dans notre France si favorisée des dons de Dieu, combien d'infidèles et de véritables païens ? où est la foi antique ? où sont les mœurs austères, les caractères fortement trempés de nos aïeux ? St Paul châtiait incessamment son corps et s'étudiait à mourir tous les jours. Où sont ceux qui pratiquent la mortification, qui disent comme lui : *quotidie morior* ? Comparez la vie des Apôtres, de ces missionnaires d'outre-mer, avec nos habitudes de luxe, de sensualité, avec nos caractères mous et énervés. Ah ! ce n'est pas ainsi que nous sauverons notre patrie agonisante ! vous donnez de l'or, vous donnez votre dévouement personnel, vous visitez les pauvres, c'est bien ; mais c'est peu. Tant que vous joindrez à ces actes extérieurs et faciles les satisfactions du bien-être, la soif des jouissances, mêlant l'amour de Dieu et l'amour du monde, enchaînés à celui-ci et prêts à sacrifier celui-là, n'espérez vous relever ni de vos pertes matérielles ni de votre ruine morale plus lamentable encore ! Frères, frères, réveillons-nous de notre léthargie, reprenons les vertus d'autrefois ; expions les crimes de la France, faisons pénitence pour elle et pour nous ; sinon, craignons tout de la justice divine et attendons-nous à de nouveaux malheurs. »

Tel est, sinon le texte, au moins la pensée générale de l'orateur dans cet éloquent discours, où il s'est montré lui-même encore plus apôtre que panégyriste.

L'exercice du mois de Marie, avec une bonne instruction du R. P. Philippe, a terminé cette belle et consolante journée qui ouvrait admirablement la série des manifestations religieuses en l'honneur du B. P. Chanel.

A midi, une table fraternelle avait réuni MM. les curés, les supérieurs d'ordres et de communautés, des prêtres séculiers et réguliers et quelques pieux laïques, qui, par leur présence et leur concours empressé, avaient contribué à rehausser l'éclat du triduum. Cinquante convives avaient pu répondre à l'invitation des RR. PP. maristes. Le repas fut animé d'une charité joyeuse. Une même pensée, un même sentiment faisaient battre tous les cœurs. Il ne fut jamais plus vrai de répéter avec le Prophète Royal: *Ecce quam bonum et quam jucundum habitare fratres in unum.* Les invités qui n'ont pu venir se sont excusés par lettres ou par dépêches exprimant leurs sympathies et leurs regrets. L'une d'elles venue d'Afrique répondait ainsi à une invitation adressée à Paris : « Carthage, le 21 mai. Serai de cœur avec vous demain. — CHARMETANT, Procureur des Missions africaines ».

Le temps que nous avons mis à décrire les cérémonies du premier jour nous permettra d'être plus bref sur les deux autres.

Le mercredi 21, la fête a été inaugurée par les Directeurs et les éléves du Séminaire de Saint-Sulpice. A six heures, les jeunes élèves par longues files arrivaient sur le boulevard du Montparnasse, et faisaient leur entrée à l'église de Notre-Dame-des-Champs. Ils venaient, à la veille de l'ordination de la Trinité, demander à l'Apôtre de Futuna l'esprit de charité et de zèle dont ils auraient bientôt besoin dans l'exercice du saint ministère. En l'absence du vénérable M. Icard, Supérieur Général de la Compagnie, c'est M. Bieil, Directeur du Séminaire, qui a célébré le saint sacrifice ; tous les élèves ont fait la sainte communion. Avant l'élévation ils ont chanté un *Credo* solennel, et à la fin de la messe ils ont exécuté en l'honneur du Martyr un chant triomphal qui a été suivi de la vénération des Reliques.

La messe de communion, à huit heures, a été dite par le T. R. P. Simler, supérieur général de la Société des Marianistes. La similitude des fins, plus encore que celle des noms, a établi entre ces deux Congrégations les relations les plus amicales. Le collège Stanislas avait amené toutes ses divisions jusqu'à la seconde inclusivement, c'est-à-dire environ neuf cents élèves à la suite de leurs maîtres. On a remarqué la tenue exemplaire des enfants qui ont chanté plusieurs cantiques avec un entrain et une précision merveilleuse. Les élèves des hautes classes retenus par la préparation de leurs examens étaient restés à la maison; mais, le matin même, ils avaient entendu la messe et communié en l'honneur du Bienheureux.

A l'évangile, le R. P. Arsène, capucin, est monté en chaire et a adressé à son jeune auditoire une allocution bien comprise et bien goûtée. *Mirabilis Deus in sanctis.* Sur ce texte, sans entrer dans le détail des actions du Bienheureux, il s'est appliqué à faire ressortir les conditions auxquelles Dieu a attaché pour lui la gloire du triomphe, savoir la *constance dans la foi et l'énergie du caractère.*

La foi reçue dans le baptême, nourrie au foyer paternel, fortifiée par l'éducation du collège ; la foi qui éclaire la conscience et donne à la volonté une rectitude et une soumission parfaite à la loi de Dieu, et qui a amené le jeune prêtre, par des étapes successives, à la naissante Société de Marie juste au moment où le Saint-Siège venait de lui confier l'évangélisation des sauvages de l'Océanie.

Le caractère : oh ! qui dira quelle constance, quelle énergie de volonté, quelle invincible patience il a fallu à l'apôtre pour supporter sans fléchir trois années et demie d'isolement, de privations, d'insuccès, d'épreuves de toutes sortes ! sacrifice douloureux, obscur, cent fois plus méritoire que l'immolation sanglante qui en a été le terme.

Les applications venaient d'elles-mêmes et l'attention continue des jeunes collégiens a donné à leurs excellents maîtres l'assurance que les leçons se sont gravées dans leurs âmes et qu'elles porteront leurs fruits.

Tous les corps religieux devaient, tour à tour, soit par la prédication, soit par la célébration des saints mystères rendre hommage à la mémoire du protomartyr de l'Océanie.

A dix heures la grand'messe a été célébrée par le T. R. P. Bousquet, supérieur général des Pères des Sacrés-Cœurs de Jésus et Marie (Picpus).

La Société de Marie n'a pas oublié que la première escouade de ses missionnaires ayant touché terre à Valparaiso, y fut accueillie avec la plus grande bonté par les Pères de Picpus qui y avait une procure ; de là, les missionnaires maristes et ceux de Picpus, montèrent sur le même brick américain *l'Europa* qui les transporta aux îles Gambier récemment converties par Mgr Rouchouse. Là encore les Maristes furent reçus avec une cordialité dont la Societé ne perdra jamais le souvenir. Le R. P. Bousquet, en célébrant l'une des premières messes en l'honneur du Bienheureux P. Chanel, témoignait que ces bonnes relations entre les deux Congrégations n'avaient point cessé.

La messe a été chantée par les séminaristes de Saint-Lazare;

et le R. P. Chapotin, de l'ordre de Saint-Dominique, a donné l'instruction. « *Ego libentissime impendam, et superimpendar ipse pro animabus vestris* ». L'Apôtre a tout sacrifié et s'est sacrifié lui-même pour le salut des sauvages de Futuna. Prenant la vie du héros par les sommets, l'orateur nous le montre dans l'héroïsme du départ, abandonnant son pays, ses parents, sa vieille mère qu'il embrasse sans oser lui dire que c'est pour la dernière fois. Il nous conduit avec lui sur cette terre infidèle, nous décrit ses difficultés, ses premières espérances, ses déceptions... puis, après un commencement de succès, la sourde hostilité du roi et des chefs, les menaces, la persécution, et enfin le sacrifice du bon pasteur qui donne sa vie pour ses brebis.

Tel a été le thème largement et brillamment développé par l'éloquent dominicain devant un auditoire que sa réputation avait attiré de tous les points de la capitale.

L'office solennel de trois heures a été présidé par Mgr. Soulé, ancien évêque de la Réunion, et chanté en musique par la maîtrise de Notre-Dame-des-Champs. Le panégyrique a été prêché par M. Sabatié, prêtre de la Mission. Touchant échange de charité fraternelle : un fils de Marie, le R. P. Terrade, avait naguère prononcé l'éloge du B. Perboyre fils de saint-Vincent de Paul : un fils de saint Vincent de Paul, M. Sabatié, allait faire l'éloge du fils de Marie le B. P. Chanel. « *Hic est discipulus ille, qui testimonium perhibetis de his, et scimus quia verum est testimonium ejus* ». C'est de ce texte de saint Jean que l'orateur a tiré toute la matière de son panégyrique qu'il a divisé ainsi : 1° Le Bienheureux a été un vrai disciple de Notre-Seigneur ; 2° sa mission à Futuna a été un éclatant témoignage à la vérité dont il a été le martyr, 3° ce témoignage est de nature à confirmer notre foi.

Le B. Chanel a été un vrai disciple de Jésus-Christ, par sa pauvreté qu'il aima toute sa vie et par son tendre amour pour les pauvres qui s'est manifesté dès ses premières années ; par son *renoncement* à toutes choses créées, par son détachement, au premier signe de la volonté divine, de tous les ministères auxquels elle l'avait appliqué, malgré le bien qu'il y faisait et les affections qu'il s'y était acquises, pour aller se dévouer à des idolâtres grossiers et livrés à tous les vices; enfin par son zèle apostolique, qui l'a fait travailler avec ardeur et sans découragement à leur conversion jusqu'à l'effusion de son sang versé par eux et pour eux.

Le disciple a rendu un beau témoignage à la Providence et à la vérité. Le prédicateur rappelle ici l'affirmation de saint Thomas: Que si dans l'infidélité, une âme droite observe comme elle doit la loi naturelle, et les inspirations de la grâce, Dieu lui enverrait un ange pour l'éclairer plutôt que de la laisser périr. Le Bienheureux Chanel a été cet ange envoyé aux sauvages de Futuna. L'orateur fait ici une magnifique énumération des perfections angéliques et du ministère des esprits célestes auprès de Dieu et auprès de nous et montre comment le P. Chanel a reproduit ces perfections et rempli ce ministère.

C'est pour cela que son martyre est si propre à fortifier notre foi. Cette dernière pensée a été exprimée brièvement et sous forme de conclusion.

Telle est, sous une forme sèche, la chaîne des considérations développées dans ce discours que nous appellerions presque un traité de théologie : mais la vie, le mouvement, la chaleur qui fascinent l'auditoire sont perdus pour ceux qui ne feront que lire ces lignes.

L'éloquence de M. Sabatié a quelque chose d'austère comme son visage. Il ne cherche point à plaire, mais il remue et passionne. C'est un apôtre et un ascète ; ne lui demandez pas des artifices oratoires; il croit, et sa foi fait son talent ; c'est par là qu'il se sent ému dès qu'il est en chaire, et son émotion se communique immédiatement aux âmes qui l'écoutent et se prolonge longtemps encore quand il a fini de parler.

Cette journée comme la précédente, a été clôturée par l'exercice du mois de Marie, et la bénédiction du Saint-Sacrement. Elle n'a été ni moins belle ni moins consolante que la première; l'empressement des fidèles n'a fait que s'accroître. L'église a été toujours remplie pendant les offices; et, dans les intervalles, les fidèles n'ont cessé de se présenter au pied de la châsse du martyr pour baiser ses Reliques ou leur faire toucher des objets de piété. On pouvait prévoir que le lendemain la vaste enceinte de Notre-Dame des Champs ne suffirait plus à contenir les foules avides d'entendre les nouveaux panégyriques et de recueillir les dernières grâces du triduum.

⁂

Le troisième jour a été plus beau, plus rempli, plus consolant encore que les deux premiers. M. le curé avait convoqué pour la messe de communion, à huit heures, les conférences de Saint-Vincent-de-Paul et les confréries charitables de sa paroisse; toutes avaient répondu avec empressement à l'appel du pasteur. Lui-même a voulu célébrer la messe et placer toutes ces œuvres sous la protection du Martyr; après l'évangile, il a adressé à cette partie choisie de son troupeau, une de ces chaudes allocutions qui jaillissent de son cœur, après une préparation rapide au pied de son crucifix.

Cette fois il a pris son sujet dans l'oraison de la messe du Martyr; elle s'y prêtait admirablement : *Deus qui B. A. M. ad prædicandum evangelium flagrante charitate, mirâ mansuetudine, et invictâ constantiâ decorasti.* O Dieu qui, pour la prédication de votre évangile, avez doué le B. Pierre Louis Marie d'une charité ardente, d'une douceur admirable et d'une invincible constance. M. le Curé a fait voir, avec une souveraine évidence, que ces trois conditions ou qualités de la prédication évangélique conviennent éminemment à l'apostolat de la charité ; au reste il prêchait des auditeurs convaincus, ce qui le prouve, c'est qu'il y a eu presque autant de communions que d'auditeurs. M. le Curé peut être fier des œuvres qu'il a créées ou trouvées existantes avant lui et auxquelles son infatigable dévoûment a donné un nouvel essor.

A défaut de M. Le Rebours, curé de la Madeleine, retenu par son ministère, c'est le vénérable curé de St-Roch, M. Millault, qui a célébré la grand'messe chantée en musique par la maîtrise de N.-D. des Champs. Le sermon a été donné par M. Méritan, curé de St-Sulpice. Il est absolument impossible de résumer en quelques mots cette instruction substantielle, où chaque pensée est une vérité, où tout est dit avec une concision, une sobriété qui ne laisse échapper aucun terme inutile. L'orateur avait pris pour texte ces paroles de l'Apôtre : *Mihi vivere Christus est, et mori lucrum.* Il a établi avec une grande force de logique cette doctrine qui contient toute la morale du christianisme. La vie chrétienne, la vie surnaturelle, c'est l'union à Jésus-Christ par la charité ; c'est Jésus-Christ vivant en nous par sa grâce, inspirant nos pensées, dirigeant nos volontés ; Jésus–Christ, principe et fin de nos œuvres ; sanctifiant nos âmes et nos corps, et nous faisant produire, sous sa divine influence, des fruits abondants pour la vie éternelle. Or, prenez le Bienheureux dans son enfance, à sa première communion, au séminaire, au moment des ordinations, de sa profession religieuse, de ses adieux à tout ce qu'il aime sur la terre, partout et toujours vous le voyez animé d'un zèle surnaturel, d'un souffle puissant de charité qui le presse et qui n'est autre que la grâce de Jésus–Christ vivant en lui.

La deuxième pensée « *Mori lucrum* » a été développée avec non moins de bonheur : La mort du chrétien, c'est l'entrée en jouissance du bien qu'il a poursuivi toute sa vie, la vision béatifique, la possession de Dieu lui-même. Quoi de plus beau ? quoi de plus enviable ? Comme il l'a bien compris le Bienheureux qui, à l'annonce d'un complot tramé contre lui, comme à l'heure de l'exécution, frappé une première fois et près de recevoir le dernier coup, n'a eu qu'un mot sur les lèvres : « *C'est bien ! C'est bien pour moi !* » Ce mot prononcé dans une langue sauvage, n'est-il pas l'équivalent du *mori lucrum* de saint Paul ? Il a donc bien rempli sa tâche, l'heureux apôtre de Jésus-Christ; par toute sa vie et par sa mort, il a bien mérité la couronne que l'Eglise lui a décernée. Demandons-lui la grâce de l'imiter dans sa vie si chrétienne, et de vivre de telle sorte que, à notre mort, nous puissions dire avec lui « C'est bien pour moi. » et avec l'apôtre ; « *mori lucrum*. La mort m'est un gain. »

Les Pères maristes avaient convié, pour ce dernier jour, ceux de leurs amis qui n'avaient pu prendre part au repas de l'avant veille.

Des deux prélats qui avaient officié le premier et le deuxième jour, aucun n'avait pu répondre à l'invitation. C'était le temps des premières communions et des confirmations, et l'absence du cardinal-archevêque de Paris, en multipliant leurs travaux, ne leur laissait pas une heure de liberté. Néanmoins la joie la plus expansive n'a cessé de régner parmi les soixante convives, tous heureux d'un succès qui avait dépassé toutes les espérances. Son Excellence le Nonce Apostolique qui devait présider l'office de trois heures était elle-même retenue ailleurs. Néammoins on ne dira jamais assez quels témoignages d'affection fraternelle et de religieuse sympathie la petite Société de Marie a reçus à l'occasion des fêtes de son Bienheureux martyr; et, n'eût été à table la diversité des costumes, on eût dit que tous les convives appartenaient à la même famille religieuse. *Erant omnes cor unum et anima una*. Au dessert, le R. P. Provincial a exprimé ainsi, au nom de tous ses confrères, les sentiments qui débordaient de son âme.

MESSIEURS,
MES RÉVÉRENDS PÈRES,

« Si je consultais l'esprit de notre Société et les usages reçus dans nos fêtes de famille, je ne me lèverais pas en ce moment, pour prendre la parole. Mais telle est la joie que nous apportent ces beaux jours ; telle la charité fraternelle qui vous associe à ces fêtes; tel enfin le triomphe de notre humble et glorieux martyr, que je me reprocherais de ne pas répondre à ces attentions de la divine Providence, en vous disant les sentiments qu'elles m'inspirent.

« C'est d'abord un sentiment de grande confusion à la pensée de l'honneur fait à notre jeune Société, dans la personne de son premier martyr.

« C'est aussi, c'est surtout un sentiment de vive et profonde reconnaissance : reconnaissance envers Dieu d'abord, qui a couronné son élu dans la gloire ; et envers Marie notre auguste Patronne et Mère qui a conduit son fils, comme par la main, à la palme du martyre.

« Puis, à notre immortel pontife Léon XIII, qui a été sur la terre, la voix de Dieu proclamant la sainteté de son serviteur. « C'est moi, nous a-t-il dit, dans l'audience du 21 novembre, après nous avoir tendrement bénis, c'est moi qui ai voulu devancer la glorification du vénérable Chanel, qu'on allait retarder encore, afin de donner aux ouvriers du pèlerinage français ce grand spectacle, en témoignage de mon amour pour la France ».

« Reconnaissance à notre vénéré Cardinal qui viendra ce soir clore ces solennités splendides, et dont le beau discours prononcé à Belley et naguère publié à Paris, a popularisé dans la capitale le nom de Chanel presque inconnu jusqu'alors ;

« A Messieurs les curés, à MM. les supérieurs, et à tous nos frères

dans le sacerdoce, qui ont bien voulu recommander le triduum dans leurs paroisses ou leurs communautés.

« Merci aux RR. PP. supérieurs et aux membres des Congrégations religieuses qui, sous des livrées ou des noms divers, travaillent à la conquête des âmes, soit dans notre chère patrie, soit dans les contrées lointaines;

« Merci encore, et tout particulièrement aux orateurs qui, dans la chaire sacrée, ont célébré les combats et les victoires de notre Bienheureux. Combien nous le remercions lui-même, notre doux P. Chanel, des chaleureuses sympathies que sa gloire et son culte nous ont procurées dans tous les rangs du clergé et des fidèles !

« Je n'aurai garde d'oublier, dans ma reconnaissance, ces pieux et éminents laïques, auxiliaires zélés du clergé dans toutes les causes qui intéressent la religion, et dont les noms se retrouvent à la tête de toutes les œuvres catholiques. Parmi eux, mon cœur en distingue qui furent jadis nos élèves ou nos fils spirituels : je ne veux point faire ici leur éloge ; mais je suis fier de pouvoir dire que, dans leur âge mûr, ils réalisent au delà les espérances que leur jeune âge nous avait fait concevoir.

« Messieurs, je crains de m'allonger ; et cependant je ne puis finir sans adresser à M. le Curé de Notre-Dame des Champs l'expression toute particulière de notre respectueuse gratitude. Par son concours spontané et généreux, par l'active coopération de MM. les vicaires, il a rendu possibles ces grandes et belles manifestations religieuses, et le succès du triduum est, en grande partie, son ouvrage.

« Par sa piété envers notre Bienheureux Père Chanel, par son dévouement envers ses frères en religion, il démontre qu'il peut y avoir, qu'il y a entente et pleine harmonie entre les diverses branches de la famille sacerdotale. J'ajoute que ce respect, cette mutuelle déférence peuvent souvent aller jusqu'à l'affection sincère et aux plus vives sympathies ; et, entre le presbytère de Notre-Dame des Champs et le n° 104 de la rue de Vaugirard, je crois qu'il en est ainsi.

« Honneur au B. P. Chanel !

« A la santé de tous nos honorables et vénérés convives ! »

Les applaudissements qui ont marqué divers passages et surtout les dernières paroles, ont montré que le R. P. Provincial disait vrai, et que les sentiments qu'il venait d'exprimer étaient ceux de tous les cœurs.

L'office de trois heures a été présidé par son Excellence Mgr Rotelli, Nonce Apostolique du Saint Siège. La présence du représentant de Sa Sainteté Léon XIII, la renommée et l'éloquence du panégyriste, enfin l'audition d'une cantate annoncée comme le chef-d'œuvre d'un compositeur qui a fait ses preuves dans la musique religieuse, avaient attiré à Notre-Dame-des-Champs une affluence extraordinaire.

L'attente générale n'a point été trompée. Son Excellence le Nonce, attendu à l'entrée de l'église et reçu avec le cérémonial ordinaire, a dû être vivement impressionné de voir la foule immense qui se pressait recueillie, et qui, ne pouvant s'agenouiller à ses pieds, s'inclinait pour recevoir sa bénédiction. Ce calme, cette attention, ce respect religieux ne se sont pas démentis un instant pendant la longue cérémonie. Son Excellence prend place au trône pontifical; l'orgue achève son entrée; aussitôt commence l'oratorio dirigé par le compositeur lui-même. Certes, les conditions étaient loin d'être favorables, l'espace laissé aux chanteurs à la tribune était restreint, au lieu de cent quatre vingts exécutants qu'on avait eus à Valenciennes, on ne comptait ici que quarante voix, quelques violons, un piano et l'orgue. Il est vrai que l'un des violons était M. Charpentier, et l'orgue était tenu par M. Tinel, deux habiles maîtres du collége saint Vincent, à Senlis; avec cela l'effet a été considérable; les parties vocales étaient faites par les élèves de l'Institution. Les solos ont été remarquables d'expression et de justesse, et les chœurs enlevés avec un élan et une précision qui ne laissaient rien à désirer. Le sentiment et la vigueur suppléaient au nombre et un nouveau succès est à inscrire parmi ceux qu'a déjà remportés l'œuvre magistrale du R. P. Garin.

On a tout dit sur cette composition hors de pair parmi les œuvres les mieux inspirées de l'auteur ; on a dit que c'est un poème, un drame, et l'on a eu raison, car il n'y manque ni exposition, ni nœud, ni péripéties, ni terreur, ni pitié, et le dénoûment tragique se termine par un chant d'apothéose.

Nous ne voulons ni discuter de nouveau ni ajouter à l'éloge, nous voulons dire seulement que cette œuvre ne peut être dignement appréciée par une lecture ou par une étude superficielle, il faut entrer pleinement dans la pensée de l'auteur et se mettre sérieusement à l'œuvre pour la faire valoir. Nous ne l'avions comprise qu'à demi, nous a dit le maître de chapelle de Saint-Vincent, avant que le P. Garin ne fût venu lui même nous l'interpréter. Aujourd'hui maîtres et élèves la possèdent, et vous allez voir tout à l'heure ce qu'elle est. Nous avons vu, nous avons entendu, et partageons l'enthousiasme qu'elle a excité à Senlis, à St-Étienne, à Montluçon et à Valenciennes, enthousiasme tel que, malgré tout le déploiement des ressources qu'elle exige, le public valenciennois l'a redemandée, et les artistes se proposent d'en donner prochainement une audition nouvelle.

Le dernier panégyrique proprement dit a été prononcé par Mgr d'Hulst, Recteur de l'Institut catholique de Paris. Tout le monde connaît la parole si fine, si distinguée de l'éminent orateur : il a été pleinement à la hauteur de sa tâche : son discours ayant été publié, nous nous dispenserons d'en donner une analyse qui ne ferait qu'affaiblir l'impression de ceux qui voudraient le lire, n'ayant pas eu la bonne fortune de l'entendre. On remarquera avec quel bonheur sont retracés les moindres détails de la vie du Bienheureux, et avec quelle hardiesse sont stigmatisés les persécuteurs de nos jours qui, par leur fureur de laïcisation, ont retourné contre le paurve la maxime du Sauveur : « *Beati pauperes, quoniam ipsorum est regnum cœlorum.* » Le riche avec l'argent, peut défendre sa foi et celle de ses enfants ; le pauvre, sans argent, est livré à la rage infernale des tueurs d'âmes qui, après l'avoir leurré par de fausses promesses de bien-être ici-bas, le dépouillent de toute consolation et de toute espérance du côté du ciel. « N'est-ce pas là le crime irrémissible, le péché contre le Saint-Esprit, puisque c'est l'entreprise sacrilège de ceux qui veulent convertir en anathèmes les béatitudes de l'Évangile ? » Jamais peut-être l'œuvre impie des persécuteurs n'a été flétrie avec tant de justice et d'énergie. La péroraison de ce superbe discours est un chant de triomphe à la gloire de Jésus ressuscité et toujours vivant dans son Église, de Jésus aimé, dans toute la suite des siècles, jusqu'à la passion, jusqu'à la folie, par des millions d'hommes joyeux de mourir pour lui...

Le soir, à huit heures, l'exercice du mois de Marie a été remplacé par la cérémonie de clôture. Son Eminence le cardinal Richard, absent de Paris les deux jours précédents et arrivé depuis quelques heures, a bien voulu présider la cérémonie et clore ces fêtes par une bénédiction solennelle.

Jamais Notre-Dame-des-Champs n'avait vu dans ses murs foule pareille. Longtemps avant l'heure indiquée, l'église était comble ; des milliers de personnes ont dû rester au dehors, et ce n'est pas sans peine que Son Éminence a pu faire son entrée au travers des multitudes attirées, sinon par une égale piété, au moins par une légitime et religieuse curiosité. L'autel étincelait de milliers de feux ; les tentures et draperies resplendissaient comme en plein jour, et dans le lointain, au fond du chœur, l'image du Bienheureux, sous les flots de lumière qui l'inondaient, apparaissait comme enveloppée de la gloire céleste. En même temps, l'orgue et les chants réservés pour cette soirée solennelle semblaient un écho des harmonies angéliques.

Il fallait une voix pour exprimer en langue humaine toutes ces impressions béatifiques dont les cœurs étaient remplis. Le R. P. Matignon a été l'orateur de la circonstance. La compagnie de Jésus qui a versé des flots de sang pour la gloire de Dieu et la défense de l'Eglise, a été heureuse de célébrer, par l'une de ses voix les plus éloquentes, le triomphe d'un de ces apôtres qui portent la civilisation, avec la foi, jusqu'aux extrémités du monde.

Le R. P. Matignon, après de si beaux discours, a trouvé le moyen d'ajouter de nouveaux éloges pour le Martyr et d'en tirer de nouvelles leçons pour l'innombrable auditoire qu'il a intéressé et édifié pendant près d'une heure.

Le discours terminé, son Éminence le Cardinal Richard a, du banc d'œuvre, félicité ses diocésains de toutes les paroisses de l'empressement avec lequel ils étaient venus vénérer et invoquer le Martyr. Puis il s'est plu à rappeler les liens qui l'unissaient lui-même à cett mémoire vénérée par son séjour, comme Évêque, dans le diocèse du Bienheureux. Il a raconté son voyage tout récent dans son ancien diocèse, où son successeur Mgr Luçon l'avait invité à présider des fêtes pareilles. Il a visité le petit village de Cras, où Pierre Chanel a vu le jour ; le presbytère de Cuet où il a reçu les premiers éléments du latin, la paroisse du Crozet où il a exercé trois ans le ministère pastoral. Il a recueilli les souvenirs, interrogé les vieillards, et il est revenu à Paris le cœur embaumé de tout ce qu'il avait vu et entendu. Cette petite allocution familière, écoutée avec la plus religieuse attention, n'a pas été la partie la moins touchante de la cérémonie. Son Eminence retourna alors à son trône, et tout s'organisa pour la procession solennelle des Reliques.

On se demandait comment la foule condensée dans les bas côtés aussi bien que dans la grande nef pourrait ouvrir un passage pour le parcours de la procession... Le défilé commence : MM. les fabriciens, les membres des Conférences de Saint Vincent de Paul, de pieux laïques : puis un clergé nombreux, religieux et séculiers en surplis et un cierge à la main, précèdent la statue portée comme l'avant-veille par les petits Frères de Marie ; la famille religieuse du Bienheureux forme son cortège immédiat, et la châsse est portée triomphalement sur les épaules du R. P. Provincial et du R. P. supérieur de la résidence de Paris ; enfin, M. le Curé, M. l'abbé Pelgé, Vicaire Général de Paris, M. l'abbé Davin, Chanoine de Versailles, accompagnent Son Éminence qui ferme la marche. Du commencement de la procession à la fin, la maîtrise a chanté l'hymne d'un martyr : *Deus tuorum militum* ; l'orgue y ajoutait ses puissants accords, ou ses suaves harmonies. Tout le long du parcours, les fidèles se pressaient, s'entassaient à droite et à gauche pour faire un passage aussitôt refermé; et tout cela, sans agitation, sans tumulte, avec le recueillement le plus profond, s'agenouillant quand ils le pouvaient, inclinant la tête, et se signant en présence de la châsse et sur le passage du prince de l'Eglise.

Le cortège parti du milieu du chœur, a pris la nef centrale, puis remontant par la nef de droite, s'est dirigé par le transept dans la nef de gauche qu'il a suivie jusqu'à l'entrée correspondante à cette nef, et de là est remonté par le milieu de l'Eglise jusqu'au point de départ.

Alors ont commencé les chants du Salut. Disons ici, car c'est de toute justice, que les élèves de la maîtrise, sous la direction de leur habile maître, M. Michelot et l'orgue, sous les doigts inspirés de MM. Bernard et Pinot ont puissamment contribué à embellir ces fêtes, et ont bien mérité du Bienheureux qu'ils ont fait aimer et glorifier. Son Eminence a donné la bénédiction du Très-Saint Sacrement et le chœur triomphal du *Te Deum* a terminé la cérémonie et les solennités du triduum (1).

L'*Univers*, rendant compte de cette dernière journée, fait cette observation : « Pendant ces trois journées, l'église de Notre-Dame des Champs a été pour les fidèles comme un lieu de pélerinage. Dans cette ville de Paris, où l'on montre parfois un étrange engouement pour des personnages singulièrement choisis, des milliers et des milliers de personnes de tous les âges, de toutes les conditions, sont venues prier devant les reliques d'un humble prêtre dont la vie s'est passée obscure dans une paroisse, puis dans un collége, et enfin dans une mission lointaine, uniquement parce que cet humble prêtre a été un apôtre et un martyr du Christ. N'y a-t-il pas là un motif d'espérance ? »

Nous avons entendu ce même jour cette autre réflexion :

« Voilà un enfant du peuple sorti de la condition la plus humble : petit pâtre dans un hameau inconnu ; rien, dans son enfance, sa jeunesse, son âge mûr, ne l'a signalé aux regards de ses contemporains ; à trente-cinq ans, il quitte son pays pour n'y plus revenir, et quatre ans après, il tombe, à cinq mille lieues, sous le casse-tête et la hache d'un sauvage : sa mort fait peu de bruit, et pendant cinquante ans son nom reste ignoré... Et voilà que tout-à-coup ce nom retentit en Italie, en France, dans toute l'Europe, et jusqu'aux extrémités du monde : Rome le proclame Bienheureux, et Paris se prosterne à ses pieds : Rome, Paris, Lyon, des villes et des bourgades, des basiliques et d'humbles sanctuaires lui érigent des autels ; on lui dresse des statues, et devant ses ossements, les multitudes viennent chanter sa louange et implorer son secours..... Comment expliquer cela ? Quelle est la logique de ces choses ? Quel rapport de la cause à l'effet ? — La raison trouve cela absurde, mais la foi déclare cela divin : Cet homme, ce témoin,

(1) Le corps presque entier du B. P. Chanel est conservé dans une châsse de grand prix à Lyon, dans la maison mère des PP. Maristes. Les instruments de son martyre sont au musée de la propagation de la Foi, place Bellecour. La châsse qui a été portée en triomphe au triduum de Notre-Dame-des-Champs, placée dans la chapelle du nº 104 rue de Vaugirard, renferme un ossement du pied, une parcelle d'une côte, des fragments du crâne, et plusieurs parties de l'étoffe futunienne dans laquelle il a été enseveli par l'épouse et la fille du roi.

ce martyr a vécu pour Dieu uniquement, c'est lui, lui seul qu'il a servi dans son enfance, et toute sa vie ; c'est pour lui qu'il a tout quitté, sa mère, son village, ses amis, c'est pour lui qu'il est mort... Or à ces choses que le monde ne voit ni ne comprend, Dieu attribue un mérite surhumain ; et il fait quand il lui plaît, éclater ce mérite pour la consolation des bons et la confusion des méchants. Pour Dieu, et pour nous chrétiens, Chanel est un de ces bons serviteurs qu'il plaît à Dieu de glorifier et de récompenser ainsi : *Sic honorabitur quemcumque rex voluerit honorare.*

PANÉGYRIQUE
DU
BIENHEUREUX PIERRE CHANEL

Par Monseigneur d'HULST

Recteur de l'Institut catholique de Paris.

Esto fidelis usque ad mortem et dabo tibi coronam vitæ. Sois fidèle jusqu'à la mort, je te réserve une couronne de vie.
APOC., II, 10.

EXCELLENCE,
MESSIEURS,
MES FRÈRES,

De grandes fêtes viennent de finir à Belley et à Lyon; Paris, Cahors, Amiens, Valenciennes, Riom avaient commencé, la France entière suivra. Le signal est parti de Rome. Un de ces jugements qui se prononcent sur la terre et se ratifient dans le ciel, a inscrit au livre des Bienheureux deux enfants de notre chère patrie. L'un deux appartient par son origine à l'église primatiale de Lyon dont la juridiction s'étendait, lorsqu'il vint au monde, sur le territoire aujourd'hui rendu à l'église de Belley, l'autre est un enfant du Quercy; tous deux pâtres et fils de paysans, tous deux apôtres, tous deux martyrs. Le premier apporte à la jeune Société de Marie la première palme d'un martyrologe qui commence ; le second ajoute une gloire nouvelle à la postérité spirituelle de Vincent de Paul. Je viens vous dire aujourd'hui l'humble vie, la mort sublime de Pierre Chanel.

O sainte Epouse du Christ, où sont-ils ceux qui t'accusaient de vieillir et se réjouissaient de ta stérilité? Plus féconde que jamais, tu ne cesses d'enfanter des saints. Rome, arbitre des vertus exemplaires, a beau élever ses exigences : les héros du christianisme assiègent les portes de son tribunal et les sentences déclaratoires de la sainteté se succèdent d'années en années. Dans sa prison glorieuse le Solitaire du Vatican voit arriver en rangs pressés les foules croyantes, il n'est plus guère de pèlerinages dont la pompe ne s'embellisse de ces solennités qui font rayonner sur l'Eglise de la terre les splendeurs de la cité céleste.

Il y a pour le peuple chrétien des consolations opportunes, des joies et des espérances dont sa tristesse a besoin. Mais ce que nous devons chercher surtout dans ces fêtes, c'est la leçon qu'elles contiennent, c'est l'exhortation qui nous presse d'imiter ces aînés dont nous sommes fiers, de peur que, dans leur gloire, ils n'aient à rougir de nos faiblesses.

C'est cet enseignement, mes frères, que je vous apporte. Nous le trouverons dans la très simple histoire dont je vous dois le récit. Il se dégagera pour nous avec évidence de cette vie sans faste où toutes les vertus sont imitables, où la perfection résulte d'une fidélité quotidienne aux plus humbles devoirs; il ressortira avec plus d'éclat encore d'une mort modeste et grande où chacun de nous sera forcé de reconnaître la conclusion naturelle d'une telle vie.

L'apostolat est un sacrifice. Toute victime est d'abord choisie, puis offerte; elle est préparée, enfin elle est immolée. Nous suivrons rapidement à travers ces phases successives la destinée de Pierre-Louis-Marie Chanel.

I

Le premier choix vient de Dieu, le second vient de la créature. Dieu choisit son apôtre, l'apôtre choisit son Dieu. Le choix divin a sur celui de l'homme l'antériorité d'un éternel amour. *Non vos me elegistis* (1), disait le Sauveur aux premiers apôtres : vous ne m'avez pas choisi les premiers. Je vous ai aimés d'un amour sans aurore et

(1) Joan xv, 16.

c'est ma tendresse qui vous a attirés : *Caritate perpetua dilexi te, ideo attraxi te miserans* (1).

Cette loi ne souffre point d'exception. Nulle créature n'a jamais fait vers Dieu les premiers pas. Se tourner par une libre détermination vers le Bien suprême, le reconnaitre au travers des ombres qui voilent sa beauté, le préférer, tandis qu'il se cache encore, aux biens qui se laissent voir et toucher, sacrifier à cette possession laborieuse la jouissance et jusqu'à l'espoir de toute autre félicité, c'est là sans doute le mérite de l'âme fidèle, mais ce mérite est un don. Heureux qui sait l'accueillir, cette fidélité est le commencement de la récompense : *Beatus quem elegisti et assumpsisti; inhabitabit in atriis tuis.* (2)

Et le don s'évanouit si la créature le néglige. Choisie la première, il faut qu'à son tour elle dise au Seigneur: tu es mon bien; appelée, il faut qu'elle réponde : *me voici*; discernée par l'amour, il faut qu'elle s'offre à ses exigences. Distinctes dans leurs origines, la vocation et l'offrande se confondent dans l'action; l'une révèle l'autre et c'est en voyant à l'œuvre la générosité de l'homme que nous apprenons à connaître la libéralité de Dieu.

Contemplons donc d'un même regard ces deux grands objets dans la personne du futur apôtre de la Polynésie.

Dieu l'a choisi comme il avait choisi David, *de post fœtantes accepit eum* (3), il a eté le prendre au milieu du troupeau dont l'enfant avait la garde. Les hommes comparent l'humilité de telles origines avec la destinée qu'elles recouvrent et ils sont frappés de ce contraste. Au monde qu'y a-t-il d'étonnant ? Les différences qui séparent les conditions humaines ne comptent pas au regard du Très-Haut. Ni les grandeurs de la terre ne sont grandes, ni ses misères ne sont basses devant Celui qui dépasse toute mesure créée. Il n'y a de grand que ce qu'Il élève, il n'y a de bas que ce qu'Il méprise et Il ne méprise que l'orgueil. Si Dieu choisit plus de saints parmi les humbles,

(1) Jerem. XXXI, 3.
(2) Ps. LXIV, 5.
(3) Ps. LXXVII, 71.

c'est peut-être parce que c'est la condition du plus grand nombre, c'est surtout parce qu'Il entend se réserver la gloire d'une exaltation qui est son ouvrage : *Suscitans a terra inopem et de stercore erigens pauperem* : Il aime à prendre le pauvre dans son néant pour le placer par son élection au rang des princes de son peuple : *Ut collocet eum cum principibus populi sui* (1).

Mais, pour votre instruction, laissez moi vous signaler, mes frères, un autre motif de cette préférence divine : c'est que l'humitité de la condition est une préparation naturelle à la sainteté.

Que faut-il pour être saint ? Il faut ressembler à Jésus-Christ. Or Jésus-Christ, maître de choisir entre les conditions humaines, a choisi la pauvreté. A tous les hommes il impose comme condition de salut le détachement des richesses : mais n'est-il pas plus facile d'en accepter la privation que d'en détacher son cœur dans la jouissance ? Pour être saint, il faut être humble ; l'humilité est difficile à ceux que le siècle honore ; mais où donc le pauvre irait-il prendre l'orgueil ? Il faut être mortifié ; la privation et la souffrance sont le lot ordinaire des déshérités d'ici-bas ; ils ignorent le bien-être et la fascination qu'il exerce sur les heureux. Il faut s'abandonner avec confiance entre les mains de Dieu : mais cet abandon qui est pour le riche un effort méritoire, n'est-il pas le suprême recours et la grande consolation du pauvre ? Oui, en vérité, si le chrétien doit être l'homme du siècle futur, c'est pour lui un péril d'être trop bien partagé dans le siècle présent. Les gages de salut que le riche doit conquérir par de violents efforts, le pauvre les trouve dans les éléments naturels dont se compose ici-bas sa destinée.

Je parle ici, mes frères, selon les lumières de la foi. Mais n'allez-vous pas m'opposer le témoignage de l'expérience ! Hélas ! Il n'est que trop vrai. Nous assistons aujourd'hui à un lamentable spectacle. L'impiété, toujours dure aux petits, a réussi à retrouver contre eux les privilèges évangéliques, Jésus Christ avait dit : *Bienheureux les pauvres parce que le Royaume de Dieu leur appartient.* Et

(1) Ps. CXII, 7, 8.

les ministres humains de Satan ont fait en sorte que le chemin du ciel leur soit moins accessible qu'aux favoris de la fortune. Avec de l'argent, on peut défendre sa foi et celle de ses enfants. Sans argent on est livré à la tyrannie infernale des tueurs d'âmes. Laïcisation de l'école, laïcisation de l'hôpital, qu'est-ce à dire, sinon la voie du salut interceptée à ceux que leur condition met en tutelle et qui ne reçoivent plus de leurs tuteurs naturels que des leçons d'apostasie ? N'est-ce pas là le crime irrémissible, le péché contre le Saint-Esprit, puisque c'est l'entreprise sacrilège de ceux qui veulent convertir en anathèmes les béatitudes évangéliques ? Ah ! mes frères, si la France officielle commet ce crime, que du moins une autre France se lève, la France croyante, priante et généreuse qui, dans les trésors de son cœur, puise à pleines mains l'aumône rédemptrice pour refaire au profit des déshérités les prérogatives que leur avait constituées le Sauveur.

Au commencement de ce siècle, si l'œuvre extérieure de la Révolution était plus visible, son œuvre morale était loin d'être aussi avancée qu'aujourd'hui. Les ruines matérielles frappaient le regard, la ruine spirituelle n'était consommée que dans les parties élevées de l'édifice social. Là, sans doute, nous avons vu s'opérer, depuis quatre-vingts ans, des restaurations heureuses : la liberté de l'enseignement chrétien a ranimé la foi sur les hauteurs ; mais l'action délétère de l'enseignement sans Dieu s'est poursuivie dans les couches profondes de la société. Nous touchons au temps prédit par le Sauveur où l'on pourra se demander s'il reste encore une étincelle de vie religieuse et morale dans le monde.

Nos prêtres sont nombreux, instruits, armés pour la lutte, mais on apprend au peuple à voir en eux des étrangers ou des ennemis. Tout autre était, au début de ce siècle, la situation respective des pasteurs et des fidèles. Décimé par l'échafaud, par la proscription, le clergé se personnifiait alors dans quelques vieillards échappés au martyre ou revenus de l'exil. Mais il leur suffisait de se montrer pour réveiller dans le cœur des pauvres les religieux désirs que dix années d'oppression avaient pu comprimer sans réussir à les éteindre. Le premier soin de ces confesseurs de la foi était de rajeunir la tribu sacrée, et leurs regards d'apôtres discernaient sans peine, au sein des familles encore simples et croyantes, les enfants prédestinés à repeupler le sanctuaire.

C'est un prêtre de cette trempe qui desservait en 1811 la paroisse de Cras. Pierre Chanel avait huit ans. Il avait à peine fréquenté l'école pendant les mois d'hiver. L'été le ramenait aux champs pour soulager, en gardant les moutons, la pauvreté de ses parents. Le vénérable abbé Trompier avait remarqué son heureuse nature et ces signes de la vertu précoce qui sont sur une âme d'enfant comme le sceau de l'élection divine. Du consentement de sa mère, il l'avait pris avec lui dans son pauvre presbytère. Bientôt d'autres enfants vinrent former autour du vieillard une couronne de jeunesse et d'espérance, Pierre était l'ornement de ce petit cénacle. Le saint curé trouvait dans son zèle le secret de suffire aux tâches les plus diverses: desservir plusieurs églises et de nombreux hameaux, prêcher, instruire, consoler, visiter les malades et secourir les pauvres, n'était-ce pas plus qu'il n'en fallait pour défrayer son activité? Comment concilier avec cette vie errante les devoirs sédentaires de l'instituteur? M. Trompier résolvait le problème en transportant l'école sur les chemins. Le devoir donné au presbytère se corrigeait en marchant; les courses charitables se confondaient avec la classe; les disciples apprenaient tout ensemble les éléments du latin et les leçons de l'apostolat. L'œuvre ainsi commencée se poursuivit à Monsols où la voix de son évêque avait appelé M. Trompier, puis de nouveau à Cras où l'affection de ses paroissiens le ramena. C'est là que, tardivement, selon le préjugé de ce temps, Pierre Chanel, déjà âgé de quatorze ans, fut admis enfin à la première communion. Ce long délai qui aurait pu nuire à une âme moins fidèle, n'avait fait qu'enflammer ses désirs.

Qui dira ce qui s'échangea, dans ce premier colloque, entre le Dieu de l'Eucharistie et le futur martyr? Mais comment douter que dès lors le choix divin n'ait été révélé à cette âme pure et n'ai provoqué de sa part un choix réciproque? Dix ans après, dans la même église, le convive de Dieu célébrera sa première messe.

N'attendez pas, mes frères, que je suive pas à pas avec vous la marche ascendante qui, durant ces dix années, rapprochait l'élu du Seigneur de la consécration suprême. Du presbytère de Cras au petit séminaire de Meximieux, puis à celui de Belley, de là au grand séminaire de Bourg, les étapes se succèdent régulières, j'allais dire monotones, sans événements qui attirent le regard. Pierre Chanel est partout exemplaire ; mais sa modestie cache plus de merveilles que sa vertu n'en révèle. Plus tard, quand la couronne du martyr aura ceint son front, ses maîtres et ses condisciples se reprocheront de n'avoir pas estimé à sa valeur le trésor dont ils avaient eu la garde ; ils chercheront dans leurs souvenirs des épisodes à raconter ; c'est à peine s'ils pourront distinguer quelques traits saillants sur le fond uniforme d'une fidélité toujours égale, d'une piété tendre et forte, d'une humilité amie du silence, d'une charité joyeuse et douce, d'une pureté de vie angélique.

Ne nous plaignons pas, mes frères, de ce qu'un appréciateur profane pourrait appeler l'indigence de ce récit. Dieu ne fait pas les saints pour amuser la curiosité des hommes, mais pour leur tracer la voie du salut : et n'est-ce pas miséricorde de sa part de nous montrer dans de vivantes leçons ce chemin accessible à toute âme de bonne volonté ? Les héros de la fable terrassaient des monstres, les héros de l'histoire accomplissent des actions rares dont l'occasion manquera toujours au courage du grand nombre. Les héros de l'Evangile trouvent dans les actions communes la matière de leurs mérites et la consommation de leur vertu. Le ciel un jour manifestera leur gloire quand celle des hommes sera flétrie ; et, sans attendre cette révélation suprême, l'église est là pour discerner la sainteté qui se cache et l'élever sur le chandelier d'où elle fait rayonner sur le monde, non l'éclat qui éblouit, mais la lumière qui éclaire et la chaleur qui vivifie.

L'élève du sanctuaire avait franchi tous les degrés intermédiaires qui conduisent à l'autel. Le 15 juillet 1827, un évêque de sainte mémoire, Mgr Devie, lui imposait les mains ; et le lendemain la paroisse de Cras en fête assistait à la première messe du nouveau prêtre. La victime choisie avait répondu au choix divin. Il ne lui restait plus qu'à se préparer par le travail à l'immolation, par l'apostolat au martyre.

II

Pierre Chanel semblait destiné à offrir aux prêtres de France le modèle de la sainteté acquise dans l'exercice des fonctions communes. C'est pour cela sans doute qu'avant de l'appeler à la séparation suprême, la providence voulut le faire passer par tous les ministères où se dépense sous les yeux des fidèles le zèle sacerdotal.

Durant les neuf années qui séparent son élévation à la prêtrise de son départ pour les missions, nous le voyons successivement vicaire, curé, professeur, directeur spirituel, enfin supérieur d'un petit séminaire. Commencée dans les rangs du clergé séculier, cette vie si simple et si pleine se poursuit sous l'obéissance religieuse dans la naissante société de Marie. Toutes les formes que peut revêtir le dévouement du prêtre, toutes les épreuves auxquelles peut être soumise sa vertu, tous les moyens qui lui sont offerts de sanctifier sa tâche, se retrouvent dans les exemples du Bienheureux. Il n'est pas un seul d'entre nous, je m'adresse ici à mes frères dans le sacerdoce, qui puisse récuser l'autorité d'un enseignement si parfaitement approprié à nos besoins, si étroitement adapté à notre condition.

Le vicaire d'Ambérieu fait ses premières armes sous la conduite d'un confesseur de la foi qui, revenu de l'exil durant la Terreur, avait su tromper la vigilance des persécuteurs et suffire à travers mille périls aux besoins spirituels des chrétiens du pays de Gex. Pierre Chanel était là à bonne école pour se former à l'apostolat. Plus d'une épreuve cependant l'y attendait ; la plus sensible était pour lui l'impossibilité où il se voyait d'apprécier toujours comme son vénérable chef les convenances du ministère et les besoins du troupeau. Ce n'est pas manquer de respect à la mémoire des prêtres admirables qui ont relevé le culte dans notre France, que de constater en eux plus d'un préjugé emprunté de bonne foi aux idées jansénistes du dernier siècle.

Si cette façon étroite et dure de comprendre l'Evangile était déjà nuisible, il y a cent ans, à la fécondité de l'apostolat, que n'en pouvait-on craindre à l'heure où une société malade appelait toutes les délicatesses du bon Samaritain pour panser ses blessures ? C'est ici que, dans le jeune prêtre ordonné de la veille, nous allons admirer cette science des saints, cette sagesse précoce qui ne s'apprend pas dans les livres, ce discernement infaillible des vrais besoins des âmes, cette intelligence des nécessités du temps, cette sagacité qui découvre les vrais moyens de vivifier la foi dans le cœur du peuple. Ne craignez pas d'ailleurs que Pierre Chanel sacrifie aux intérêts du troupeau le respect qu'il doit au pasteur. Toujours déférent et docile, il n'entraîne pas, il sollicite, il ne reprend pas, il implore, il obtient par la douceur la permission de tenter ses expériences et il laisse à Dieu le soin de les recommander par le succès. C'est ainsi qu'il introduit dans la paroisse d'Ambérieu les pieuses solennités du mois de Marie, objet de l'étonnement d'abord, bientôt cause de la joie du vieux curé. Cette conquête était digne de celui qui, dès son enfance, avait toujours été le tendre fils de Marie, qui bientôt allait s'enrôler sous sa bannière dans la milice religieuse et donner à une Société placée sous son invocation la glorieuse consécration du martyre.

Si le zèle discret du vicaire a pu vaincre tous les obtacles, que ne fera le zèle plus libre du curé ? La paroisse du Crozet offre à son dévouement un champ difficile à cultiver. Le jansénisme y avait semé ses erreurs, un prêtre assermenté y avait apporté le scandale, un pasteur respectable y avait indisposé les esprits par un zèle amer. L'indifférence religieuse, la défiance à l'égard du prêtre, la licence des mœurs semblaient élever contre l'apostolat du nouveau curé une triple barrière. La charité de Pierre Chanel fit tomber tous ces obstacles ensemble. Fécondé par les prières, recommandé par la bonté, son ministère se fit accepter tout d'abord et bientôt il fut recherché. Ceux qui, pendant longtemps, n'avaient eu sous les yeux qu'un travestissement du Bon Pasteur, voyaient enfin sa vivante image. Les enfants et les vieillards, les malades et les pécheurs, les pauvres et les riches, les âmes pieuses et les nouveaux convertis, se croyaient tour à tour l'objet de ses préférences. En vérité, il les préférait tous, puisqu'en tous il aimait par dessus tout Jésus-Christ. Si je vous racontais en détail les industries de son zèle, les artifices de son dévouement, les sacrifices que lui inspirait sa charité, vous croiriez entendre la vie de saint Vincent de Paul. Et n'est-ce pas en effet une fraternité véritable que cette ressemblance des saints, attirés par un même esprit à la pratique des mêmes vertus, à l'emploi des mêmes procédés dans la conquête des âmes ?

Vous pensez sans doute, mes frères, qu'une vie si bien remplie devait au moins apporter au serviteur de Dieu, parmi les privations et les fatigues dont elle était pleine, ce contentement intérieur qui est comme l'approbation de Dieu et le commencement de la récompense. Peut-être une vertu moins haute se fut arrêtée à savourer cette douceur. Mais Dieu a des rigueurs infinies pour ceux qu'Il traite en favoris. Sa prédilection se manifeste par ses exigences. Plus son amour s'établit en eux, plus il demande ; et si parfois il se charge de les consoler, il ne permet pas qu'ils se reposent sur le bien accompli : la vue d'un bien plus grand et plus difficile les maintient dans l'humilité, dans le dégoût d'eux-mêmes, et du même coup enflamme leurs désirs.

Pierre Chanel, en se prodiguant à son troupeau, n'avait garde de négliger sa sanctification. Dans ses longs colloques avec Dieu, une pensée le saisissait fréquemment, un de ces attraits mystérieux qui font frémir la nature et qui néanmoins sollicitent, captivent, entraînent le cœur d'abord, puis la volonté et enfin l'action. Il aimait ses brebis, mais une parole du maître lui revenait en mémoire : « J'ai d'autres brebis encore qui ne sont pas de ce bercail ». (1) Si, dans nos contrées où fleurit depuis tant de siècles la civilisation chrétienne, la misère des âmes est si grande, quelle compassion ne mériteront pas les brebis étrangères qui n'ont jamais connu la voix du Bon Pasteur ? Celles-là aussi, dit Jésus-Christ, il faut que je les amène. *Et illas oportet me adducere.* O prêtre, entends cette promesse : c'est par toi qn'elle doit se vérifier. Tu seras pour ces âmes l'apparition de Jésus-Christ. Par ta parole, par ta charité, par ton labeur, par tes souffrances, s'il le faut, par ta mort, tu les amèneras au bercail. *Et illas oportet me adducere.* C'est la vocation à l'apostolat parfait, au travail des missions lointaines.

(1) Joan., x, 16.

Pierre a entendu cet appel. Il ne peut plus s'y tromper. Dès qu'il se retrouve en face de Dieu, la voix résonne au dedans de lui. Qu'est-ce qui pourrait le retenir ? ses vieux parents ? Il sait qu'il va leur briser le cœur, mais il servira plus utilement l'intérêt de leur salut par son sacrifice qu'il n'eût fait par sa tendresse. Ses chers paroissiens ? Il confiera leurs âmes à un héritier de son zèle, et lui, il ira où Dieu l'appelle.

Cependant si la vocation est certaine, elle n'est pas encore précise. Il reste à déterminer le temps, le lieu, le mode, toutes les circonstanccs du sacrifice. C'est une révélation progressive qui se poursuit lentement dans la prière, et jusqu'à ce qu'elle soit achevée, le travail divin demeurera secret dans le cœur de l'apôtre.

Deux fois, il a cru voir s'ouvrir devant lui la voie où il doit marcher. Les Annales de la Propagation de la Foi l'ont initié aux travaux des missionnaires. « Que fais-je ici, s'écrie t-il, que ne suis-je avec eux ? » Et n'y tenant plus, il va demander à son évèque la permission de partir pour les missions de l'Amérique du Nord. Mais le pontife veut éprouver ces jeunes ardeurs. Il suspend son consentement et par deux fois renvoie Pierre à son troupeau.

C'est au travers de ces délais imposés par l'obéissance que la lumière de Dieu va pénétrer son âme. Les missions demeurent devant ses yeux comme le but à poursuivre, mais le moyen sera la vie religieuse.

Tandis que ces évènements intérieurs s'accomplissaient en lui, la Providence préparait au dehors l'achèvement de son dessein. La Société de Marie avait pris naissance. Le grand cœur d'un prêtre lyonnais en avait conçu la pensée, la bénédiction de Notre-Dame de Fourvière en avait protégé et consacré le germe ; quand l'heure de Dieu fut venue, Mgr Devie seconda les désirs du pieux fondateur en lui confiant la direction de son petit séminaire. L'arrivée du P. Colin à Belley était comme le signal attendu par Pierre Chanel. Ouvrir son cœur au saint prêtre, se donner à lui pour l'œuvre des missions, obtenir de son évêque la permission deux fois refusée, tout cela fut pour le futur apôtre l'œuvre de quelques jours. Il en est toujours ainsi des pensées que Dieu inspire. En vain voudrait-on détacher avant l'heure le fruit de la grâce ; mais quand ce fruit est mûr, il tombe comme de lui-même dans la main tendue pour le cueillir.

Toute joie surnaturelle ici-bas doit être assaisonnée d'amertume. Pierre Chanel ne put s'arracher sans douleur à l'affection de ses paroissiens. Préparée dans le secret, la résolution qui l'enlevait à son troupeau, éclata comme la nouvelle d'une calamité publique. Si son départ eût été connu à l'avance, il aurait eu mille peines à l'exécuter. Mais le sacrifice était consommé et la générosité qui l'inspirait devenait contagieuse. Longtemps auxiliaire de son zèle, puis confidente de son dessein, sa sœur voulut imiter celui qui la quittait, et tandis que Pierre se rangeait sous l'obéissance du P. Colin, elle alla demander au cloître du Bon-Repos une forme de vie qui l'associât par la prière et la pénitence à l'immolation de son frère.

Dans une Société encore au berceau, le noviciat se confond le plus souvent avec l'activité des œuvres. Le petit séminaire de Belley offrait aux compagnons du P. Colin le premier asile de leur vie en commun. C'est là que Pierre Chanel fit ses débuts dans les fonctions du professorat. Bientôt une mission plus chère à son cœur le chargea de la direction spirituelle des jeunes élèves. Enfin, après un voyage en Italie où il accompagnait le saint fondateur, appelé à Rome par les intérêts de son œuvre, Pierre reçut, avec le titre de supérieur, une part plus abondante des sollicitudes attachées à la charge des âmes.

Que dire de sa vie dans cette succession d'emploi ? Au dehors, c'était la sainte servitude du devoir, le doux esclavage de la charité, l'ardeur sans cesse croissante d'un zèle rallumé chaque jour au feu de l'autel. Au dedans, c'était une intimité toujours plus étroite et plus tendre avec le divin Ami, des aspirations toujours plus vives vers la vie apostolique. Rien de plus difficile à raconter qu'une telle histoire, rien de plus fructueux à méditer. Prêtres de Lyon et de Belley, vous surtout que l'obéissance attache aux saints labeurs de l'éducation, venez chercher dans les exemples du Bienheureux la leçon qui convient à la sublimité cachée d'un ministère ignoré des hommes, où vous devez semer dans les larmes ce que d'autres un jour moissonneront dans l'allégresse, venez apprendre ce qu'il faut d'abnégation et de douceur, de vigilance et de fermeté, ce qu'il faut surtout d'esprit de prière, de vertus intérieures pour enfanter Jésus-Christ dans les âmes, pour donner à la société des chrétiens véritables, à l'Eglise des prêtres capables de l'honorer devant les hommes et d'étendre ici-bas le royaume de Dieu !

III

Nous avons vu, mes frères, comment Dieu a choisi sa victime, comment il l'a préparée en vue du sacrifice. La voici mûre pour l'immolation. Une fois de plus, nous aurons sujet d'admirer l'harmonie qui fait concorder les ouvrages de la providence au dehors et les opérations de la grâce au dedans. C'est à l'heure où de longues préparations ont fait de Pierre Chanel un homme vraiment apostolique, que le Saint-Siège confie à la Société de Marie les périlleuses missions de la Polynésie. L'un des membres de la Société, le P. Pompallier, vient de recevoir à Rome, avec le caractère épiscopal, le titre d'évêque de Maronée et de vicaire apostolique. Une consécration manquait encore aux futurs apôtres, celle de la profession religieuse. Une même journée, dédiée au culte de Marie sous l'invocation de Notre-Dame de la Merci, vit l'élection régulière du R. P. Colin comme supérieur général et l'émission des vœux de tous ses compagnons. Pierre Chanel était de ceux-là. Ah ! qui donc nous ouvrira son cœur pour nous dire le secret d'amour qui s'échangea à cette heure entre lui et son Dieu ?

La profession religieuse, c'est la pauvreté : or, voici devant nous un de ces pauvres dont parle saint Jérôme, de ces pauvres qui, comme saint Pierre, n'avaient rien en ce monde et qui cependant, avec une étonnante audace, *grandis fiducia*, osent dire à Jésus-Christ : *Ecce nos reliquimus omnia et secuti sumus te*, nous avons tout abdiqué pour vous suivre. Oui, car si le siècle les a fait pauvres par force, l'amour les a fait pauvres par choix; et du haut de leur pauvreté, choisie et voulue, ils dédaignent les richesses du monde et disent avec transport : *mon Dieu est mon tout*.

La profession religieuse, c'est encore le vœu d'obéissance. Et voici sous nos yeux un de ces enfants d'obéissance pour qui rien n'est bon que la volonté de Dieu manifestée par la voix des supérieurs. C'est cette vertu maîtresse qui gouverne en eux tout le travail de la sainteté. Point de désirs, si sublimes soient-ils, qui ne doivent être sacrifiés à l'obéissance. Pierre ne rêve que l'apostolat, mais sur un signe de son supérieur, il enfermerait sa vie dans les horizons étroits qui l'ont bornée jusqu'à ce jour. Faire la classe, surveiller des enfants, diriger des domestiques, c'est peu de chose aux yeux des hommes, mais si Dieu le veut, c'est là ce que préférera le serviteur fidèle, qui ne se cherche en rien lui-même et, comme son divin maître, se nourrit ponr tout aliment de la trés sainte volonté de Dieu : *meus cibus est ut faciam voluntatem Patris... quæ placita sunt ei facio semper (1).*

Enfin, la professsion religieuse, c'est le vœu de chasteté. Le monde ne voit dans ces engagements rigoureux qu'un renoncement contre nature, fait pour dessécher le cœur en lui ôtant le droit d'aimer. L'âme choisie y voit toute autre chose : c'est l'échange volontaire des amours inférieures contre l'amour suprême, c'est la consécration libre et joyeuse de l'être humain à la Beauté souveraine, c'est l'anticipation magnifique de la vie présente sur le privilège du siècle à venir, c'est le choix glorieux qui assigne dès ici-bas à notre pouvoir d'aimer l'objet incomparable qui doit lui suffire pour une éternité.

Ah ! oui, vraiment, la profession religieuse est la préparation parfaite de l'apostolat.

Après la profession, le départ. Le cœur de chair est immolé, mais il tressaille encore. Pierre Chanel ira prier sur la tombe de son vieux père récemment ravi à sa tendresse, il ira voir sa mère, sans oser lui avouer qu'il l'embrasse pour la dernière fois. Il traverse en tous sens les lieux témoins des joies de son enfance et des premiers travaux de son sacerdoce. Le monastère du Bon-Repos l'attire, et là, l'apôtre éprouvera cette défaillance d'un moment que le Sauveur, dans les délicates prévoyances de sa bonté, a voulu le premier

(1) Joan., IV 34 ; VIII. 39.

ressentir pour la consolation de ceux qu'il entraîne à sa suite sur le chemin du Calvaire. Mais la pieuse supérieure du couvent qui abrite sa sœur bien-aimée, sera pour Pierre l'ange qui réconforte à l'heure de l'angoisse : *Apparuit ei angelus confortans* (1). L'agonie de son âme n'a duré qu'un instant. Comme son divin maître, il dira maintenant d'un cœur ferme et d'une voix forte : Levons-nous et marchons. *Surgite, eamus* (2).

Voici les missionnaires au Havre. Avant même de s'embarquer, ils vont faire l'épreuve des contrariétés réservées aux voyageurs. Des vents contraires les retiennent deux mois entiers dans le port sans permettre au navire d'appareiller. Et ce n'est là qu'un premier apprentissage de cette longue patience qui doit être partout la vertu propre des apôtres. Faut-il les suivre maintenant sur l'immensité des deux Océans? Cinquante jours de station forcée aux Canaries, la maladie et la mort d'un missionnaire à bord, les séjours aux îles Gambier, à Valparaiso, à Taïti, l'apostolat exercé auprès des matelots, enfin, au moment de toucher la terre promise, le vaisseau porté sur les récifs par une effroyable tempête, un vœu fait à Marie par les voyageurs en détresse, et tout à coup un courant miraculeux arrachant le navire à une perte qui semblait inévitable et le rejetant en pleine mer, voilà quelques-uns des incidents d'une traversée qui ne dura pas moins de onze mois. En lisant ce récit, on pense à saint Paul; on se rappelle ses voyages et ses souffrances : *ter naufragium feci, nocte et die in profundo maris fui* (3). L'amour de l'argent soutient à travers de semblables périls le courage des hommes de lucre. Comment ces mêmes hasards feraient-ils pâlir ceux que l'amour du Christ entraîne à la conquête des âmes ?

Et maintenant, mes frères, je sens croître les difficultés de ma tâche. Devant Dieu, rien n'est plus méritoire et de plus sublime que la vie de notre Bienheureux pendant les quatres années qui furent pour lui la préface du martyre; rien de plus insignifiant au regard des hommes, tant le cadre est étroit et les événements

(1) Luc. XXII. 43.
(2) Matth., XXVI 46.
(3) II Cor., XI. 25.

mesquins. La mission assignée au vicaire apostolique embrassait plusieurs archipels déjà visités et stérilisés par des missionnaires méthodistes, plus exploiteurs que pasteurs. Pierre Chanel fut laissé seul avec un frère dans l'île de Futuna. C'est là qu'il lui fallut créer de toutes pièces les éléments de son apostolat, apprendre la langue, gagner la confiance du roi, solliciter par la patience et la charité le cœur des naturels, autrefois anthropophages, et qui depuis l'abandon de ces coutumes atroces, étaient demeurés perfides et batailleurs autant que légers et puérils. Que de fois, se voyant seul en face d'une tâche impossible, l'homme de Dieu sentit son cœur tout près de défaillir ! Que de fois l'infirmité de son corps épuisé par la faim, consumé par la fièvre, semblait devoir anéantir son courage ! Comme Jésus à la veille de sa Passion, il était tenté de dire : Seigneur, sauvez-moi des angoisses de cette heure : *Pater, salvifica me ex hac hora* : Mais il ajoutait aussitôt avec son divin maître : Que dis-je : ne suis-je pas venu ici tout exprès pour cette heure ? *Et quid dicam ? Propterea veni in horam hanc* (1). Le roi de l'île l'a pris en amitié, il s'est chargé de le nourrir, mais son amitié inconstante et soupçonneuse le laisse souvent manquer du nécessaire. Si le missionnaire demande au travail des mains la sécurité de sa subsistance, si, sous le soleil du tropique, il cultive lui-même son champ et voit mûrir ses récoltes, les pillards viennent lui enlever le fruit de ses labeurs, et il faut sourir à leurs rapines, car ces pillards sont ses enfants. A chaque instant la guerre civile menace d'éclater entre les insulaires, qu'une division permanente sépare en deux groupes, celui des vainqueurs et celui des vaincus. La beauté de la morale chrétienne, la sublimité du dogme, la majesté du culte attirent les Futuniens ; mais à peine l'apôtre croit-il les tenir captifs sous le joug de l'Evangile, qu'un rien les éloigne ; une superstition, une frayeur, un caprice les ramènent à l'idolâtrie. Tout manque d'ailleurs pour l'établissement d'une chrétienté ; une pauvre case de bambous sert d'église : plus d'une fois le typhon en renversera les frêles murailles. L'indigence du missionnaire dépasse celle de sa demeure. Ce parfait pauvre de Jésus-Christ reçoit avec reconnaissance des fruits

(1) Joan., XII 27.

entamés par la dent de celui qui les donne. Souvent le jeûne est complet et une pénible journée de labeur s'achève sans nourriture.

A la longue cependant, le champ stérile commence à donner des fruits ; les baptêmes se multiplient, le fils du roi lui-même devient le plus fervent des catéchumènes. Pierre s'est rendu maître de l'idiome du pays et son apostolat s'étend dans les deux îles de Futuna et d'Alofi. Rarement les mourants lui échappent. Ceux qui n'ont pas eu le courage de donner leur vie à Jésus-Christ, veulent du moins lui confier leur mort. Un missionnaire, venu de l'île voisine de Wallis, est témoin de ces premiers succès et retourne plein d'espérance à sa mission, après avoir échangé avec son confrère les consolations de la charité.

C'est le moment où l'ennemi du salut va faire éclater sa rage. Satan, le grand vaincu de Dieu, ne se rend pas sans combat. Mais l'apparente victoire de l'enfer prépare et amène le triomphe du ciel.

Les progrès du christianisme inquiètent dans Futuna le parti des vieillards. Tristes demeurants de l'âge barbare où régnait l'anthropophagie, ceux-ci font le siège du monarque, jusque-là protecteur déclaré du missionnaire.

Les fléaux naturels qui désolent l'île, sont attribués au courroux des idoles délaissées. Le roi s'éloigne du prêtre, il lui refuse tout secours, il laisse monter contre lui le flot des colères aveugles. La conversion de son fils met le comble à sa fureur. Faible et pusillanime jusque dans sa haine, il n'osera pas poursuivre ouvertement celui qu'il avait si longtemps traité en ami. Mais on verra se renouveler le drame qui se dénoua à Cantorbery par le meurtre de Thomas Becket. « N'aurai-je donc pas la paix avec ce prêtre, » avait dit le roi d'Angleterre ? et des sicaires courtisans s'étaient chargés de tirer en son nom la conclusion sanglante de ses lâches propos. Le gendre de Niuliki est prêt à jouer le même rôle contre l'apôtre de Futuna. Les vieillards se sont rassemblés : que le prêtre périsse, ont-ils dit, et la religion disparaîtra avec lui. Le roi est informé du complot, il l'approuve par son silence, il l'encourage et le désavoue tout ensemble, abritant sa cruauté lâche sous les équivoques de l'hypocrisie.

Pierre Chanel n'ignore rien de ce qui se trame contre lui ; mais il ne change rien à sa vie d'apôtre, sinon pour rendre son zèle plus ardent. Gagner des âmes et donner sa vie à Jésus-Christ, n'était-ce pas là, aux jours de sa jeunesse, le réve de son âme apostolique ? Il travaillera donc plus que jamais. Ah ! ce n'est pas en vain que nous l'appelons Bienheureux. Le Christ l'a béatifié d'avance quand il a dit : Bienheureux le serviteur que son maître, au jour où il doit venir, trouvera occupé à le servir. *Beatus ille servus quem cum venerit Dominus, invenerit sic facientem* (1). La fièvre le ronge, ses forces l'abandonnent, mais son âme intrépide domine les défaillances de son corps, et la semaine qui précède sa mort se passe en courses apostoliques.

Enfin l'aurore du jour sanglant se lève. Pierre, après avoir célébré la messe, se repose un moment dans son enclos. Un des conjurés pénètre dans sa demeure et lui demande un remède pour panser une blessure qu'aurait reçue Musumusu, gendre du roi. L'apôtre, bienfaisant jusqu'à la dernière heure, donne la fiole qu'on lui demande ; un autre le prie de lui prêter son bâton, Pierre le cède, et tout à l'heure il sera frappé de cette arme.

Bientôt Musumusu se présente lui-même, et demande pour sa prétendue blessure les soins du bon Samaritain. Mais avec lui une troupe de forcenés envahit la maison et la met à sac. Le chef des assassins donne le signal du meurtre. Un sicaire se jette sur l'apôtre, brandissant son casse-tête. Comme Jésus, Pierre semble dire : pourquoi me frappez-vous ? Il étend la main et veut détourner le coup. Est-ce donc qu'il craint la mort ? Non, mais il voudrait éviter à ses enfants la honte du parricide. Le coup était lancé, le bras du martyr retombe fracassé. Un autre assassin le frappe de sa masse à la tempe gauche ; le sang jaillit à flots. Pierre a compris que c'est l'heure du sacrifice. Un seul mot s'échappe de sa bouche : *Ceci est bon pour moi*. C'est le cri de saint Paul. Jusque là il avait dit : *Mihi vivere Christus est*, pour moi vivre c'est servir Jésus. Maintenant il achève la sentence : *mori lucrum* : mourir m'est bon. Voici un troisième bourreau qui s'avance, de sa lance il veut percer la poitrine de la

(1) Matth, XXIV. 46.

victime, mais le fer passe sous le bras du martyr et la violence du choc le jette à terre. Assis maintenant contre la muraille, il étanche de sa main gauche le sang qui ruisselle de sa tête, et il attend comme l'agneau sans parole dont Isaïe a chanté la douceur. *Sicut ovis ad occisionem ductus est et non aperuit os suum* (1).

Un chrétien l'aperçoit et veut le plaindre : une seconde fois Pierre répète : Il m'est bon de mourir. Cependant Musumusu s'impatiente: il ne se trouvera donc personne, s'écrie-t-il, pour achever le prêtre; Non, personne ne se présente : l'un après l'autre ils se retirent, la maison est vide, la victime agonise dans la solitude. Alors le gendre du roi se décide à en finir. Il aperçoit la hachette qui servait au missionnaire pour abattre le bois, il s'en empare et d'un seul coup fend la tête du martyr. C'est avec effort qu'il lui faut arracher du crâne ensanglanté le fer qui résiste et qui vient enfin dans sa main avec les débris de la cervelle. Puis, effrayé de son crime, l'assassin s'enfuit.

Le fils converti de Niuliki apprend le forfait, il court, mais la foule l'arrête : Que veux-tu, lui dit-on ? *Cette chose que tu as cherchée n'existe plus.*

Cette chose, mes frères, c'est la religion. Le peuple un moment croit à la victoire de ses dieux. On lui a dit que, le prêtre mort, l'Evangile s'évanouirait. O mensonge de Satan ! Jamais tu n'as été plus promptement confondu. Attendez quelques jours : les restes du martyr seront ensevelis avec honneur. Attendez quelques mois : le lâche instigateur du crime, le roi Niuliki, frappé comme Hérode, comme Antiochus, par les mains du Tout-Puissant, succombera à un mal horrible. Une corvette française débarquée à Futuna, jettera la terreur dans l'île. Le corps du martyr est rendu au vicaire apostolique. Le parti favorable aux chrétiens relève la tête, celui des persécuteurs est abattu. Quand, peu après, le vicaire apostolique viendra visiter l'île coupable, il trouvera le peuple empressé à recevoir le baptême. Deux années ne seront pas écoulées depuis la mort du bienheureux, que l'île entière, sous la conduite d'un roi chrétien, aura embrassé l'Évangile et renouvellera, sous les yeux des mis-

(1) Is., LIII. 7.

sionnaires ravis, l'admirable tableau que saint Luc nous présente de l'Église naissante. L'assassin lui-même, le féroce Musumusu, plus heureux que son beau-père, onvrira les yeux sur son crime, et, frappé comme lui, mourra pénitent et fidèle. O sang du martyr, que ta semence est féconde et que largement la mort de l'Apôtre a vengé sa vie du reproche de stérilité !

Il est temps, mes frères, de conclure ce discours. L'histoire que vous venez d'entendre n'est pas nouvelle dans l'Église. Elle se répète depuis dix-huit-cents ans. Humainement interprétée, elle n'a pas de sens. Pourquoi ce fils de paysan a-t-il quitté son hameau ? Pourquoi ce prêtre a-t-il quitté sa patrie ? Pourquoi ce missionnaire s'est-il obstiné dans une tâche ingrate et impossible ? Pourquoi cet exilé volontaire a-t-il aimé des sauvages inconnus jusqu'à leur prodiguer sa vie ? Pourquoi, quand ils l'ont frappé, s'est-il écrié : c'est bien, c'est bon ? Pourquoi cette mort qui devait anéantir son œuvre, en a-t-elle assuré le triomphe ? Autant de questions auxquelles le sens humain ne peut répondre que par une déclaration d'absurdité. Et pourquoi enfin, dans tous les temps, dans tous les lieux, se trouve-t-il toujours des hommes pour s'éprendre de ces absurdités sublimes et confier à de tels rêves tout leur espoir et toutes leurs ardeurs ? Pourquoi surtout s'en trouve-t-il plus qu'ailleurs dans notre France moderne qu'on dit sceptique et positive, désabusée de l'idéal et rivée aux réalités d'ici-bas ? Pourquoi, mes frères ? Parce que le Christ vainqueur veut qu'il en soit ainsi ; parce qu'il lui plaît de répondre comme autrefois à ceux qui se vantaient d'avoir scellé la pierre de son tombeau. Il ne discute pas avec l'impiété, il la terrasse. On le disait mort, et voici qu'il se lève: il est vivant puisqu'il se fait aimer, aimer jusqu'à la mort. Non, ce n'est pas un Dieu mort que le Dieu pour qui tant d'hommes sont joyeux de mourir. *Non est Deus mortuorum sed vivorum.* Chrétiens, vous avez votre part glorieuse et féconde dans ces victoires de la foi. Par vos prières, par vos aumônes, par le tribut volontaire que paient vos familles au recrutement des légions apostoliques, vous occupez une place d'honneur dans l'histoire toujours continuée de l'évangélisation et du martyre. Soyons dignes, par la sainteté de notre vie, de l'honneur auquel nous font participer tant d'apôtres.

Ah ! si elles méritent notre piété généreuse ces régions encore assises dans les ombres de la mort, n'excitera-t-elle pas notre compassion, cette France aimée du Christ, qui a dissipé follement tant de trésors et s'achemine aux abîmes, oublieuse de son baptême, de sa foi séculaire, de ses gestes glorieux ? Donnons-lui nos prières, donnons-lui nos exemples ; refaisons dans son sein une génération forte et chrétienne ; montrons-lui des fils qu'elle soit forcée d'estimer plus que les autres, aux mains de qui elle se décide à remettre enfin l'œuvre nécessaire et pressante de sa régénération et de son salut.

O Pierre, ô apôtre, ô martyr, laissez-nous vous confier cette espérance et cette promesse. Oui, nous voulons marcher sur vos traces, remplir comme vous le devoir de chaque jour, et, quelle que soit notre destinée terrestre, être comme vous fidèles jusqu'à la mort en attendant la couronne de vie : *Esto fidelis usque ad mortem et dabo tibi coronam vitæ. Amen.*

Paris-Auteuil. – Imprimerie des Apprentis-Orphelins. – Roussel, 40, rue La Fontaine.

www.ingramcontent.com/pod-product-compliance
Ingram Content Group UK Ltd.
Pitfield, Milton Keynes, MK11 3LW, UK
UKHW021949260726
13994UKWH00004B/1641